FRAGMENTS

D'HISTOIRE LOCALE,

PAR

M. Victor LE SENS.

Membre titulaire de la Société Académique de Cherbourg.

———◆———

BOURGEOIS DE CHERBOURG, — PAIRS-A-BARONS.

ÉGLISE DE LA SAINTE-TRINITÉ, — FONTS BAPTISMAUX.

MM. FRERET, ARTISTES.

———◆———

CHERBOURG.

FEUARDENT, IMPRIMEUR-LIBRAIRE-ÉDITEUR,

Rues des Corderies et Tour-Carrée.

1855.

FRAGMENTS

D'HISTOIRE LOCALE.

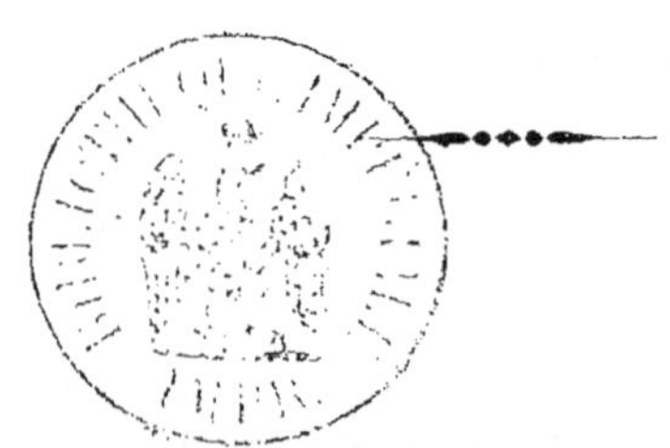

BOURGEOIS DE CHERBOURG. — PAIRS-A-BARONS.

Cherbourg jouissait dès le Xe siècle d'une certaine renommée. Son port, comme son château, était, sans contredit, après celui de Rouen, le plus important de la Normandie. En 940 Aigrold, roi de Danemarck, vint en cette ville avec une flotte de soixante voiles. Deux ans plus tard, ce même prince y arriva de nouveau avec vingt-deux vaisseaux. Ces deux faits seuls démontrent, suffisamment, l'existence d'un port à Cherbourg, dans ces temps reculés.

Nous allons maintenant rechercher ce que l'on entendait au moyen-âge par le titre de baron, et quelle est l'époque probable où les bourgeois de Cherbourg reçurent ou prirent le titre de pairs-à-barons.

En France, le nom de baron exprimait un état de liberté, d'homme libre. En effet, ce mot est dérivé du vieil allemand *bar*, libre. En Angleterre, il se rendait par le mot *freeman*, en Belgique et en Hollande par celui de *poorter*. L'expression toute Flamande, *poort*, indiquait dans les provinces de la Belgique (comme en Hollande et en Angleterre), une ville ceinte de murailles et dont *la bourgeoisie, libre et armée, se gardait et se gouvernait elle-même*, sauf les droits réservés au souverain (1).

Ceci posé, il est clair que le titre de baron qui, comme on vient de le voir, équivalait à celui de bourgeois libre, de franc bourgeois, ou franc tenancier, fut donné à nos ancêtres dès le moment où ils obtinrent la faveur de garder eux-mêmes leur ville et leur château. Il est certain, d'après tous les historiens de Cherbourg, que la milice de cette ville fut constituée dès le XIe siècle, par Guillaume-le-Conquérant, pour la garde de la ville et surtout du château. Or, la garde du château de Cherbourg étant confiée aux seuls habitants de cette ville, indique pour eux, dès cette époque, un état de liberté. L'existence de ce fait se trouve mieux prouvée dans le courant du XIIe siècle, où nous voyons, pour la première fois, le mot de *commune* appliqué à Cherbourg, ainsi qu'il

. (1) *Belgique monumentale*, ville de Gand, pages 28 et 36, tome Ier. — De Gerville, *Etudes sur le département de la Manche*, au mot Cherbourg. — Dès le Xe siècle, les bourgeois de cinq ports d'Angleterre, portaient le titre de barons et prenaient rang parmi la noblesse du royaume. Primitivement, il n'y en avait que cinq, mais leur nombre fut, dans la suite, porté à 8. Ce sont 1° dans le comté de Kent : Douvres, Hythe, Romney, Sandwich; 2° Dans celui de Sussex : Hastings, Rye, Seaford et Winchelsea. (Bouillet, *Diction. hist.*). Voy. aussi l'ouvrage intitulé : *Beauties of Kent*, page 1012.

résulte de ce passage tiré des recherches sur les anciens châteaux de la Manche, par feu M. de Gerville : « Au milieu du XII° siècle, dit-il, le seigneur de la paroisse de Martinvast, faisait, avec *la commune de Cherbourg*, le service dû à Henri, duc de Normandie et roi d'Angleterre. » *cum communiâ de Cæsarisburgo cum equis et armis* (1).

Ainsi, les bourgeois de Cherbourg furent rendus libres par Guillaume-le-Conquérant, pour garder le château et la ville et pour les engager à se tenir toujours prêts à repousser les invasions et les tentatives de la France. Dans le siècle suivant, Cherbourg fut érigé en commune. Cette ville depuis lors eut un état de prospérité toujours croissant. Henri Ier fit augmenter les fortifications du château. Sa fille, l'impératrice Mathilde, vint souvent à Cherbourg et le règne de son fils Henri II, fut pour cette ville, dit un historien (2), un temps de paix et de splendeur. Ce prince y séjourna fréquemment et y passa souvent les grandes solennités de l'année avec la reine Éléonore et une cour nombreuse et brillante. Enfin, ce même prince, lorsqu'il n'était encore que duc de Normandie, vers 1150, afin d'encourager les efforts commerciaux des négociants cherbourgeois, leur accorda le privilége de commercer une fois l'an avec l'Irlande. Lorsqu'il fut devenu roi d'Angleterre (1174), il le leur confirma par une seconde charte. Jean-sans-Terre, en 1200, et Philippe-Auguste, en 1207, imitèrent ce souverain anglo-normand, en ratifiant cette concession par de nouveaux actes.

Voici l'extrait de la charte de 1150, concernant le port de

(1) *Recherches sur les anciens châteaux du département de la Manche*, par M. de Gerville, page 48. Caen 1825.

(2) *Idem* — article : *Château de Cherbourg*.

Cherbourg: « *Nulla navis de totâ Normanniâ debet eschippare ad Hiberniam nisi de Rothomago, exceptâ unâ solâ,
cui licet eschippare de Cæsarisburgo semel in anno.* »
C'est-à-dire : « La ville de Rouen pourra seule, dans toute la
Normandie, équiper des navires pour l'Irlande; une seule
fois par an, Cherbourg pourra en expédier un pour cette con-
trée. » (1). Du temps de nos ducs-rois, Cherbourg avait des
relations maritimes avec l'Angleterre et la Flandre; les croi-
sades développèrent aussi son commerce et son industrie.

D'après ce qui précède, nous avons vu que le titre de pair-
à-baron existait anciennement dans les institutions de la
Belgique et de la Hollande; que les expressions de *baron*
en français, *freeman* en anglais et *poorter* en hollandais,
équivalaient, pour ceux à qui on les donnait, à celles d'homme
libre ou de franc-bourgeois ; que les habitants de Cherbourg
ont joui, dès le XIe siècle, du privilége de se garder eux-
mêmes, ce qui constituait pour eux un état de liberté, état
qui leur donnait la prérogative de s'intituler *barons* ou
francs-bourgeois; que le nom de commune est appliqué
à Cherbourg, d'une manière absolue, dans le XIIe siècle;
qu'enfin le port de Cherbourg jouissait dès 1150 du privilége
de commercer une fois l'an avec l'Irlande. Par conséquent,
il résulte de ces faits, que le titre de pairs-à-barons, donné
à nos ancêtres, remonte au moins au XIIe siècle, et que les
prérogatives soi-disant accordées aux Cherbourgeois, selon
les uns, par Charles-le-Mauvais, roi de Navarre et seigneur
de Cherbourg, en 1366, et selon les autres par Charles VII,
roi de France, n'étaient que la confirmation de priviléges
beaucoup plus anciens.

(1) Le *Vidimus* de cette charte se trouve aux Archives municipales
de Rouen.

ÉGLISE DE LA SAINTE-TRINITÉ. — FONTS BAPTISMAUX.

Dans leurs ouvrages intitulés : *Guide du Voyageur à Cherbourg,* MM. de Berruyer et Fleury ont donné la description des objets remarquables de l'église Sainte-Trinité. M. Th. Dumoncel a aussi décrit savamment, dans la *Revue Archéologique du département de la Manche,* les curieuses particularités architectoniques de cette même église, mais aucun de ces auteurs n'a parlé des fonts baptismaux qui cependant offrent de l'intérêt, tant sous le rapport de leur configuration que par les sculptures qui s'y trouvent.

Voici la description de ce petit monument avec l'explication de ses mystérieux symboles : la piscine, de figure octogone, est en pierre calcaire et a la forme d'une coupe antique ; sa hauteur est de 1 m. 2 c. Le périmètre de la partie supérieure mesure 3 m. 10 c. A la partie inférieure, on remarque une inscription en relief, sur une bande octogone, dont le périmètre est de 2 m. 6 c. La hauteur des lettres, est de 0 m. 08 c. Le pourtour est orné de diverses sculptures ; on y voit des dragons, des sirènes dont l'une a le visage d'une femme et le corps d'un oiseau (1) et l'autre, la figure d'une

(1) **Tous** les peintres et les sculpteurs représentent les sirènes comme moitié femmes et moitié poissons, mais à tort, dit Napoléon Landais, car les poètes et les auteurs les plus recommandables les dépeignent moitié femmes et moitié oiseaux. Pline les place parmi les oiseaux fabuleux, et Ovide leur donne des visages de filles, avec des plumes et des pieds d'oiseaux.

femme et le corps d'un lion. Enfin, on y remarque un personnage velu luttant contre deux griffons.

Dans le dragon chacun reconnaît l'ennemi du genre humain. Il est représenté sur les fonts baptismaux pour marquer que l'homme, étant, par le péché originel, soumis à l'empire du démon, est régénéré par la grâce sanctifiante et les vertus infuses que lui communique le baptême.

Quant aux griffons et aux sirènes, il ne faut pas s'étonner de les voir figurer sur un monument consacré au culte. Le griffon avait été adopté comme ayant les qualités qui conviennent à un gardien, et comme doué du pouvoir d'éloigner les mauvais esprits; aussi remarquons-nous, sur nos fonts baptismaux, deux griffons luttant contre le prince des ténèbres. Le bec acéré du griffon, disent certains auteurs, marque la prudence; les ailes, tout en exprimant la diligence, signifient aussi le pouvoir spirituel s'élevant sur les ailes de l'esprit au-dessus des temporalités terrestres. La sirène était l'emblème de la vie spirituelle et de la vie naturelle du chrétien (1). Son image placée sur les fonts baptismaux rappelait, comme le poisson, les eaux du baptême, où les fidèles, disent les Bénédictins, sont régénérés et acquièrent la vie spirituelle de la grâce, comme le poisson est engendré dans l'eau et ne peut vivre hors de cet élément. » La sirène, sous la forme du lion, marquait sans doute que le chrétien devait combattre l'esprit malin avec force et courage.

Les lettres de l'inscription, fleuries et d'un genre fort gracieux, annoncent le XVe siècle. L'inscription est ainsi conçue : *Aqua regenerans. Fons salutis et veritatis,* C'est-à-dire : Eau régénératrice. Source de salut et de vérité.

---

(1) *Vocabulaire des symboles et des attributs religieux,* par M. l'abbé Crosnier, chanoine de Nevers.

Les fonts baptismaux sont, avec la chaire, le tableau représentant la visite des saintes femmes au tombeau de Jésus, et la cloche qui est aujourd'hui la seconde, les seuls objets qui aient échappé au vandalisme révolutionnaire. Le baptistère de notre église était anciennement placé sur la droite de la grande nef, en entrant par le portail principal, entre les deux premiers piliers et en face de la seconde fenêtre dont le vitrail, en verres de couleurs, représentait le baptême de notre Seigneur.

Les fonts baptismaux avaient été ensevelis sous les décombres provenant de la dévastation de l'église, et c'est à cette particularité que l'on en doit la conservation.

MM. FRERET, ARTISTES.

Notre premier devoir est de recueillir et de conserver pour l'histoire locale, les faits contemporains dignes d'attention, afin de dissiper des doutes, soit en reproduisant de vieux titres, soit en faisant connaître les noms d'hommes distingués dont la mémoire ne manquerait pas de tomber dans l'oubli, si l'on n'en consignait le souvenir.

C'est donc pour parvenir à ce but que nous donnons la copie d'un diplôme aussi intéressant au point de vue historique, qu'il est honorable pour celui qui en est l'objet. Cet acte est relatif à un artiste cherbourgeois, aujourd'hui inconnu ou oublié, qui s'occupait d'art avec assez de zèle et de talent pour être nommé, en 1785, peintre de la reine Marie-Antoinette.

Nous voulons parler ici de feu M. Louis-Barthélemy Freret, artiste peintre. Cet homme distingué fut élu membre de la Société Académique en 1808 (1). Il a peint plusieurs sujets de nature morte, (2) et quelques tableaux de fruits qui ont été gravés; l'un de ceux-ci existe encore dans les appartements autrefois occupés par Marie-Antoinette, à Versailles. Il composa aussi les plans des jardins de Trianon. Cet artiste excellait surtout dans l'art de peindre les fleurs. Le goût le plus délicat, le coloris le plus brillant, le pinceau le plus moëlleux, joints à une imitation parfaite de la nature, le firent distinguer de ses rivaux; et la reine, pour le récompenser de son zèle et de ses travaux, le nomma son peintre de fleurs étrangères.

Voici la copie du brevet que Sa Majesté lui accorda :

« Aujourd'hui premier jour de juin mil sept cent quatre-vingt-cinq. La reine étant à Versailles, désirant favorablement traiter le sieur Louis-Barthélemi Freret, sur le rapport qui lui a été fait de sa personne et de ses talents, Sa Majesté lui a accordé et lui accorde, par le présent brevet, le titre de son peintre de fleurs étrangères, voulant qu'il puisse s'en qualifier dans tous actes publics et particuliers, et qu'il jouisse du dit titre aux honneurs, prérogatives et autres avantages qui peuvent y être attachés. Et pour assurance de sa volonté, Sa Majesté m'a commandé d'expédier au sieur Freret, le

---

(1) M. Pinel a donné la biographie de M. L. B. Freret.

(2) La Société académique possède deux de ces tableaux.

présent brevet qu'elle a signé de sa main et fait contresigner par moi conseiller d'Etat, conseiller secrétaire des commandements de la reine et de ses maison et finances. »

Signé : « Marie-Antoinette. »

Signé : « Beaugeard. »

La famille de cet artiste a encore donné à la ville de Cherbourg plusieurs hommes de mérite.

1° M. Pierre Freret, père du précédent, l'un des fondateurs de la Société Académique de Cherbourg, est auteur du tombeau élevé dans l'église de Biville (Hague) en l'honneur du bienheureux Thomas-Hélie et de la chaire de l'église Sainte-Trinité de Cherbourg (1).

2° M. François-Armand Freret, sculpteur. Le musée naval de Brest, conserve plusieurs de ses œuvres. Les travaux de cet artiste sont comparés, à juste titre, à ceux de Puget. Les magnifiques sculptures du maître-autel de l'église Sainte-Trinité, sont de cet artiste, ainsi que l'élégante et gracieuse vierge qui décore l'une des chapelles latérales de cette même église. On lui doit aussi la statue et les divers ornements du canot construit à Cherbourg en 1811 pour Napoléon Ier, les ciselures de la fontaine des Caveliers et le frontispice du fort impérial.

3° M. Pierre Freret, peintre de marine et de genre, a composé divers tableaux qui ont été gravés, entre autres, ceux qui représentent les mémorables combats de notre compatriote, le contre-amiral Troude.

4° M. Louis-Victor Freret, ancien maître sculpteur de la

---

(1) Cette chaire pleine de goût et d'élégance, est le seul morceau de sculpture qui ait échappé à la main dévastatrice et sacrilège des vandales de 1793. Ils la conservèrent pour y faire la lecture des journaux, les jours de décade.

marine au port de Cherbourg, fils de François-Armand, est auteur de la statue de sainte Anne placée dans la chapelle des fonts de l'église Sainte-Trinité. Cet artiste, qui habite actuellement l'Angleterre, a ciselé en 1850 des candélabres destinés au prince royal de Suède. Ces magnifiques pièces d'art ont été reproduites dans le journal intitulé : *The illustrated London News*, du 23 novembre 1850.

5° M. Léon-Louis Freret, fils du précédent, pensionnaire du Conservatoire impérial de musique, est jusqu'à présent le seul de nos concitoyens qui ait obtenu ce titre.

6° Enfin, M. Armand-Auguste Freret, frère du précédent, ex-pensionnaire de la ville de Cherbourg et ancien élève de l'Ecole des beaux-arts, se distingue aujourd'hui par de charmants travaux et promet de devenir, comme ses pères, un artiste de mérite. Quoique très jeune, le jury de l'Exposition générale des produits de l'industrie et des arts du département de la Manche, lui a accordé en 1852 une médaille de bronze. Il a encore obtenu le succès le plus brillant à l'Exposition des beaux arts, ouverte à Avranches le 19 juillet 1854 ; le jury de cette Exposition lui a décerné une médaille d'or.

www.ingramcontent.com/pod-product-compliance
Lightning Source LLC
Chambersburg PA
CBHW061859080726
47597CB00010BA/4301